LIFE

AN EFFECTIVE

如何管理自己

从效能迈向卓越行动手册

[美] 史蒂芬 · 柯维 著

十分钟日志

中国青年出版社
CHINA YOUTH PRESS
中青文传媒

图书在版编目(CIP)数据

如何管理自己：十分钟日志·从效能迈向卓越行动手册 /
（美）史蒂芬·柯维著；梁红玉译.
—北京：中国青年出版社，2017.4
书名原文：An Effective Life
ISBN 978-7-5153-4279-5
Ⅰ.①如… Ⅱ.①史… ②梁… Ⅲ.①自我管理—通俗读物 Ⅳ.①C912.1-49
中国版本图书馆CIP数据核字（2017）第042581号

如何管理自己：十分钟日志·从效能迈向卓越行动手册

作　　者：[美] 史蒂芬·柯维
译　　者：梁红玉
责任编辑：周　红
美术编辑：李　甦
出　　版：中国青年出版社
发　　行：北京中青文文化传媒有限公司
电　　话：010-65518035/65516873
公司网址：www.cyb.com.cn
购书网址：zqwts.tmall.com　www.diyijie.com
印　　刷：北京诚信伟业印刷有限公司
版　　次：2017 年 4 月第 1 版
印　　次：2019 年 5 月第 3 次印刷
开　　本：880×1230　1/32
字　　数：83.5 千字
印　　张：4.5
京权图字：01-2016-1085
书　　号：ISBN 978-7-5153-4279-5
定　　价：29.80 元

献给我们

已经降生及尚未出世的孙辈，

他们始终激发出我们的灵感。

An Effective Life

目录

序言 007
卷首语 011
第一章 学习自然法则 017
第二章 提升自我意识 039
第三章 管理人际关系 057
第四章 学会选择 075
第五章 尊重差异 095
十分钟日志 从效能迈向卓越行动手册 109

史蒂芬·柯维是一位伟大的人生导师。

这早已不是秘密，为无数人所认同。但实际上，史蒂芬·柯维首先是一个优秀的学生，然后才成为人生导师，人们对此却并不太理解。史蒂芬·柯维博士不是一出生就成为博士的。他也曾只是个孩子，不会在一场喧闹的踢球游戏中，跟小伙伴们传授“统合综效”的原则。长大后，也不会在准备美餐一顿的下午点心时间，教导朋友们“要事第一”。这些假设很有趣，但传达出了事实。

史蒂芬·柯维博士关注自己所处的世界，他会提出问题，学习新知识，如果找到了帮助他改进的知识或原则，就会发自内心地开心并积极吸收。你可以从《高效能人士的七个习惯》中读到这一点。人们一直在问：“怎么做到的？您是怎么想出‘七个习惯’的？”

听到这个问题，柯维博士常常淡然一笑，

略微思考后，用不容置疑的语气说："不是我想到的。"任何一个提问的人听到这个答案，都会理所当然地感到困惑。但是柯维博士会在接下来的问题提出之前先给出答案。

"我写了这本书，"他继续说道，"但是这些原则是早在我之前就已经广为人知的。它们更像是自然规律。我所做的不过是把这些原则加以归纳总结，呈现给人们。"

与人们的谈话场合，就是柯维博士授课的课堂。当你见到柯维博士时，他会用真诚的握手和亲切的态度欢迎你。无论你是他的家人、挚友还是熟人，甚至你只是偶然遇到他，都可以花几个小时跟他进行有意义的谈话，讨论家庭、朋友、工作和人生。

柯维博士分享的原则，历久弥新，拥有显著的现实意义。对于《高效能人士的七个习惯》里呈现的原则，他花了30多年时间研究、实践和完善，而且不断试着教授这些原则，让原则更容易理解和用于实践。

因为他明白，世界从未如此广阔，下一代人面临的是前所未有的机遇。但是世界又从未如此之小，科技把我们联系在一起，这种联系既强大又具危险性。我们指尖下的知识数量不可估量。信息量庞大，导致分辨对错变得更加困难。

你在跟这个世界联系时，会提出什么问题？总会有一些常见的问题浮现在脑海，比如："为什么他会在侧边车道开得这么慢？"这样的问题似乎被问过很多次了，尤其是在清晨和傍晚时分。

而父母也时常会很自然地问："你在想什么呢？"

这些问题往往琐屑而又普通，不值得耗费过多心思，而且它们的答案往往无聊甚至恼人。而以下问题，则需要人们常常思考：

- 为了继续学习，你会提出什么问题？
- 提出正确的问题，你能得到什么知识？
- 吸收你发现的知识能让你做出什么改变？
- 让这些变化成为你真实性格的一部分，需要什么原则？

没有原则就不能实现高效能，没有品德就不会有原则。如果不从问题起步就无法形成品德。

史蒂芬·柯维博士于2012年逝世。但是他的那些闪光的思想和智慧永远不会停止为人们传授原则的脚步。

本书汇总了柯维博士关于刻意自我管理这个话题的思想精华。

柯维博士相信，如果世上的每个人都按照“七个习惯”生活，世界将变得更加美好。吉姆·柯林斯也曾说过，“没有人会永垂不朽，但是书籍和思想永存。”

我们希望，当你随着这些文字探究其中，会发现其中所蕴含的信息不仅是一门简单的课程。

我们还希望，柯维博士多年前用心打磨传递的信息，会引起你、你的朋友以及家人的共鸣。

——史蒂芬·柯维博士的同事

吸气，吐气，重复。

杰夫已经准备好了，真的。他已经挣扎了几分钟想要关掉电话，然后享受这好天气，坐在长凳上，沉醉于女儿莫莉的欢声笑语中。此时莫莉正在公园玩耍。

他才不要查看手机。他才不要时不时竖着耳朵辨听那“叮”的一声——那是手机收到短信的提示音。他才不要……

“叮！”

好吧，他确实听到了，但这并不意味着他要查看手机，更别提回复短信了。除非是他妻子，除非妻子需要他做什么事情，除非这很紧急。可他并不想因为没有及时回复而引起麻烦，或许他该看看手机……

杰夫的神思被来自肩头的轻声耳语打断了。“爸爸！爸爸！”

杰夫转过头，想看看莫莉为什么要悄声说话。这就是莫莉，在她看来，轻声说话就是把话缓慢地喊出来，顺带喷出口水。没错，口水确实喷出来了。

“爸爸，看！一只瓢虫！”

的确，在莫莉手上爬行的是一只带有斑点的小瓢虫。它正在这临时的凹型“监狱”中寻找出路。

“爸爸，快数数它身上的斑点，这样我们就能知道它几岁了！”

“数斑点就能知道它的年龄？”爸爸问道，“我可不信。”

“爸爸！这个办法是老师教我们的。瓢虫每过一次生日，身上就会长出一个新的斑点！”

杰夫准备固持己见，执意纠正女儿的错误理论，当然，他知道，莫莉一定会一再表示她的老师是天才，而她爸爸则完全和天才搭不上边儿。但纷争很快平息，瓢虫终于展开它的双翅，飞离了莫莉的小手。

“为什么会这样呢？”杰夫问道。

“怎么啦？”

杰夫笑道：“瓢虫这么久才想起它有翅膀？真是糊涂。

它明明可以随时飞走，却没有这样做。或许人们偶尔也会暂时忘记。”

“忘记什么，爸爸？”

“忘记我们自身拥有力量，就像瓢虫能飞翔一样。”

莫莉咯咯笑着说：“爸爸，你可不会飞。”

杰夫叹了一口气。是的，他不会飞。但能飞确实挺棒的。这能帮他缩短难熬的通勤时间。

“莫莉小姐，你知不知道你的爸爸妈妈有多棒？或许我们不会飞，但我们确实很酷。只不过有时自己都忘了。”

“为什么会忘记？”

“我想是我们有些迷路了。”杰夫答道，“你还记得瓢虫在你的掌心徘徊，来来回回的吗？人也是这样，人也会有困住的时候。大家觉得这很正常，因为昆虫也会这样。不过人可不会在小女孩手掌上爬来爬去。而我们的这种困住表现在工作、会面、电话会议或与孩子的足球游戏中。”

“你在我的足球游戏里迷路啦？”莫莉问道。

“不，我在足球游戏中记起了我的翅膀。我看你玩球，看你过人，然后我就想起了我的翅膀，想起我能够飞翔。

因为我有你。你很棒。”

“爸爸，”莫莉一边小声，一边喷着更多口水说道，“爸爸，你觉得我也有翅膀吗？”

> 观察就是改变。我们的周围都是学问。
>
> ——史蒂芬·柯维

史蒂芬·柯维相信最伟大的课程是通过观察，自然而然习得的。事实上，他过去经常在自然环境下为领导者研讨班授课，他向参加课程的人们保证：

如果你对自然、周围的人和永恒的原则敞开心扉，

你就会找到关于自己所面临的

领导力挑战与机遇的明确答案。

他把这称为“圣丹斯诺言”，名称来源于罗伯特·雷德福（1936—，美国导演、制片人与演员，代表作有《骗中骗》《大河恋》《走出非洲》等。——译者注）位于犹他州的度假村圣丹斯，这也是许多高管的度假胜地。

正如杰夫利用瓢虫的特性给莫莉上的那堂课一样，柯维博士相信：自然能够传授伟大的真理，只要你愿意去学。

以下便是柯维博士提出的、经得起时间验证的真理原则，尤其是那些我们每个人都可以从自然中习得的人生真谛。每条启示都直接引自柯维博士语录，教导人们如何管理自己。

但是，无论这些语录言辞如何优美作用如何强大，若不将其付诸行动，都无济于事。只有将其实践，它们的作用才会显现。柯维博士常说："知而不行，实为不知。"

高效能人生与高效率人生并不是一回事。本书并不是教导人们如何花费最少的精力获得更好的生活。本书所分享的是，若想学会自我管理，就应：

- **学习自然法则：**识别并效仿自然法则中的原则；
- **提升自我意识：**检视个人思维，树立更强的个人思维意识，并践行个人责任；
- **管理人际关系：**寻找机会成为自己人生和人际关系的领导者，每天将自己的注意力放在人身上，而非事物上；
- **学会选择：**通过做出正确的选择来获取力量；
- **尊重差异：**庆贺自己身边的差异。

本书并非仅供阅读的书，而是一本用于践行与体验的书。

本书所传递的信息强大有力、简明实用、可操作性强。

结合引言、实例和插图等多种方式，呈现给你。

书中的“十分钟日志”，精心设计了问题与练习，配合自我检查，测验读者对所读内容的了解度，让你真正掌握融合坚守原则、发展和更新的核心信念的方法和技巧，培养相应的自我管理技能。

如果你想把读到的思想精髓付诸行动，创造性设计的“从效能迈向卓越行动手册”，会帮助你。

通过抛出回顾性的问题，为你提供走上高效能人生的工具，塑造性格，掌控心智，对抗惰性，超越极限，克服困难，改变自己，从效能迈向卓越，成为很有能力的人！

本书不仅有理论，而且告诉人们“应该做什么”。不能仅仅将它用于分析个人与工作，而要作为自己的行动指南，要带着“我应该做什么”这个问题一边思考一边阅读并坚持行动，靠有效行动获得成功、健康、幸福和财富。

请充分、尽情利用每一页！开始行动吧。

An
Effective
Life

1

学习自然法则

成功

我才不会关心你有多么成功或富有，抑或是取得了多少成就，回归最纯净的自然，对你来说才是最棒的感觉。比如在草地上散步，或围坐在树下。

在自然中，你可以远离压力，远离日常生活中如影随形的忙碌。

你可以思考，并多加自省。

你开始审视自己的内心，营造更平和的心境。

如若没有这段宝贵时光，你便难以深入思考。

你便没有机会切实制定计划。

你只会消极行事，不断处理危机，不断犯错。

你的决定仓促，毫无计划或准备。

你不会认真考虑期望的愿景，也不会思考如何将其实现。

事实上，自然就存在于我们的家庭生活之中。

在家里，生活的本质才会清晰显现。

我们应努力在虚伪世界中找寻如家般轻松感受，相信自己能够掌控全局、突破机械的思维定式审视生活、尽力帮助他人“修补”问题、核对“待办事项”并逐一完成，只有这样才不会愤世嫉俗、怨怼愤恨，好似轮中老鼠般身不由己地愈跑愈快。

正如谚语所说：“最后才发现水的是鱼。”

DATE

寻找环境

我曾学着安排时间
只为开车时
美丽的夕阳
伴我西行归家

它使我平静。
带给我启发。

我想："前方是骇人的拥堵，两侧是卡车的夹击，简直一团混乱。要说有什么好事会发生，我可不信。"

但看看这壮观的日落！看看那些云朵。
看看那群山的倒影。
看看那山顶白得耀眼的雪山。

自然教给我们，
要把事物放在环境中来看待。

改变是人生的重要部分

自然教导我们，改变是人生的重要部分。

种子会变。季节会变。天气会变。人也会变。

我们是动态的、发展的、持续变化的环境的一部分。

通过改变，我们创造了更好的组织、更具创造力的团队、更加和谐的家庭和更好的自己。

当我们设法在稳定的环境中寻求改变时，问题就来了。我们努力修补他人问题、安装程序或修复关系，就像对待某个外观完整的机器而内部破损无法运行的零件。

DATE

圣丹斯诺言

如果你对自然、周围的人和永恒的原则敞开心扉，你就会找到关于自己所面临的领导力挑战与机遇的明确答案。

童子军轶事

故事是这样的："很久以前，我还是一名童子军。我们童子军团的团长是位热心的伐木工，同时也是一名自然主义者。他带领我们远足，却一言不发，然后抛出一个极具挑战性的问题，让我们描述沿途所见：树木、花草、鸟儿、动物等一切事物。通常的结果竟然是，我们所发现的不及他所见的三分之一，这其中还有一半的发现无法让他满意。"

"创造力就在你的身边，"他一边用手划着大圈一边喊道，"但你把它们拒之门外。可别沉默寡言！这就像穿着雨衣洗澡——简直多此一举！"

从今天开始学习

有位朋友曾告诉我，他相信所有生物，无论是植物还是动物，都有属于自己的自然栖息地，若想保持健康常态，就必须生活在各自所属的环境中。

他是这么说的 :“人类的自然栖息地是一个花园。”在这座花园中，我们是生物界的现实版。

我们看到那风中摇曳的枝桠，或是广袤天空中不着痕迹飘过的云彩，我们听到汩汩的水流声或叽叽喳喳的鸟鸣，这一切都能使我们的心灵获得宁静。

宁静可以带给我们充满活力的创造性思维与创造性沟通。

“但是现在，人们却整日与电话声、引擎声、警报声、汽笛声为伴。目光所及之处净是钢筋水泥、汽车尾气、电线杆子、电话网线、杂乱广告和成堆的垃圾。所有这些带来的只有紧张，而非宁静。”

问题的关键是要向周围的自然和世界学习，从今天开始学习。

自然界自有季节

投入时间准备、种植，投入时间浇灌、培育，早晚会有收获的时候，而收获的时间通常非常紧张。

尽管在某种程度上，各个季节有着不平衡性，但是每个季节都为整体的平衡贡献着力量。

我们的生命和组织同样存在着季节。

一个新生儿、一桩新生意、一次新挑战，都会造成季节失衡。

但是通过有效处理，即使是失衡的季节也能帮助整体实现平衡。

在追寻高效能人生的过程中，难免遭遇对手。

自然教导我们去体会对手与挑战的价值。湍流才能净水。

为了挣破蝶茧展翅飞翔，蝴蝶储存了充足的能量蓄势待发。在我们的人生和组织中，自我强健——无论是身体、精神，抑或道德的强健——能够给予我们力量，避免萎靡衰退。

领导者会从人生的挑战、失败和问题中学习，并改善自己的人生。

农场法则

思考农场法则。该法则告诉我们：春天游手好闲，夏天整日玩乐，初秋在土地里扔下几把种子，两周后巴望收获丰硕果实，这种想法是多么可笑；也启示我们，如果忽视计划和准备、不去建立人际关系、逃避问题，则无法获得稳固、高效的家庭或组织。

这项法则也告诉我们：播种了什么，就会收获什么。若你身为领导者，却言而无信、背后诽谤、利用他人、玩弄政治把戏，这就相当于播下了怀疑的种子，长远来看，在高度信任的文化环境中，你根本不会获得任何收益。或许能够攫取某些短期利益，但并不会长久。

长期来看，农场法则恒久有效。这项寓示发展规律的法则不可违背，一旦违背，必遭惩罚。换句话说，如果你种下杂草，就不要指望收获豌豆。

现在仍有未知的事情。就拿农夫来说，每年庄稼收成如何，是无法确切预知的。有时，难以预料的天气和其他状况会改变收获时间。大环境中的某些状况也会毁坏庄稼。但是，必须清楚的一点是，只要认真筹备、改良土壤、按时栽种和做好培育工作，尽己所能善加管理，假以时日，必将收获丰硕的果实。

尽管个体或事件难以预测，但模式是可以预测的。如果按照原则思考、准确执行，并对结果充满信心，你所期待的目标终将实现。

花园里的课程

我的花园，教会我做一位好的朋友和好的家人。它教导我如何维系关系。它还教导我，为了享受生活的果实，必须劳作。

劳作是辛苦的。有时甚至很难看到进展。但是，种子总会生长、结出果实。我认为，在花园里劳作所悟，与我所受教育和人生观是如此紧密相连，以至于这帮助我理解并欣赏人生中所遇到的一切。

038 An Effective Life

DATE

An
Effective
Life

2

提升自我意识

终极自由

终极自由，是一种权利与能力，足以让人决定是否需要受何人何事的制约和影响。

客观思考

在从外部视角客观审视自我之前，我们总是把自我动机自动投射到他人身上。

“要是”与“我能”

有一个办法可以确定我们的关注圈，
那就是区分“要是”与“我能”。

以下为“要是”的关注圈：

1 “要是我的房款付清了，我会更快乐。”

2 “要是我的老板不那么独裁……”

3 “要是我的丈夫更有耐心……”

4 “要是我的孩子更听话……”

5 “要是我的学历能……”

6 “要是我能花更多时间为自己……”

以下为“我能”的关注圈：

1 我能更有耐心。

2 我能变聪慧。

3 我能更富有爱心。

044 An Effective Life

固定思维模式

无论何时，我们总认为问题“在外部”，这种想法本身就是问题。我们允许外部控制自己。这种思维模式就是“由外到内”思维——外部必先改变，而后我们才能改变。

什么是高效能人生

我的一生都在钻研如何提高效能。首先便是个人与人际效能，而这只是步入当今社会舞台的“门票”。现如今，更需要的是强大的领导力。成为一名伟大的领导者是一段旅程，就如同所有物有所值的旅程一样，路途中充斥着巨大的挑战，也有令人欢欣鼓舞的喜悦。欢迎踏上这一旅程！

领导者，抑或“受害者”

这是今天所有人首要面对的选择，比以前更甚的是，没有任何中间立场可言。在生意场、家庭、社区或个人生活中，我们或许是高效领导者，或许受周遭环境左右。

048 An Effective Life

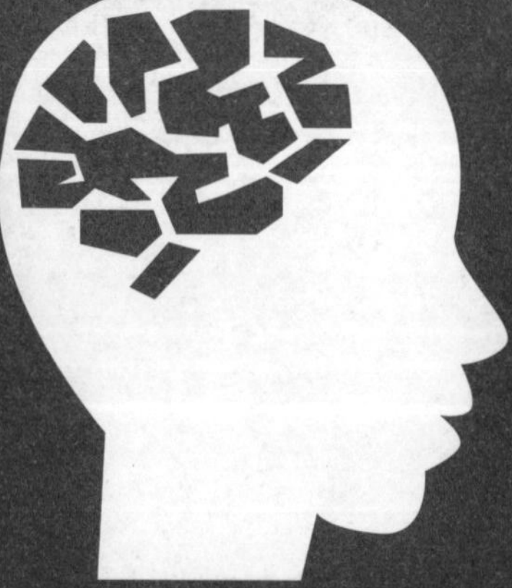

每一个习惯取决于积极行动的力量。每一个习惯取决于你的行动。如果你要等待被安排再行动，就会陷入被动。人生道路上，一个是成长，一个是机遇。

应对攻击

你也许会问：“当他人攻击我时，我如何才能做到积极协同？”

尽管你无法控制他人的思维，但你却可以与自身协同，即使处在敌对环境之中也可以做到。

你可以选择不被冒犯，你可以找到对手，移情聆听。

你如果放宽视野，使用移情聆听便可消除矛盾。

自律

如果你是一位高效能的经理，你的纪律来自于你的内心，是你的独立意志在运作。

你追随着自己内心深处的价值观与动力源泉，充满意志力且正直，你的情感、冲动、性格均服从于这些价值观。

人人都是领导者

我不会根据少数几位身居高位的人来定义领导者。一想到领导者，我们都习惯想到那些有头衔的人，如首席执行官或总裁等。

关于领导者，就如同工业时代的手工艺品，长期以来，我们习惯于等级界限的思考方式。而我想说，成为领导者就是引领人生、引领朋友，成为家庭主心骨，具备使自己的人生积极且充满创造性的力量或能力。

真正的领导者会用自己的方式定义成功，而不会让他人替自己定义。因为他们清楚，自己是强大有力、才华横溢的。

他们更清楚，竞争对象是自己，而非他人。在经济学术语中，他们是在自己擅长领域唯一的供应商——用才能说话，成为出价最高的投标人，最终竞拍成功。

这些领导者创造了他们自己的未来，他们尊重自己，尊重他人。

改写人生剧本：成为自己的第一次创造者

有两种人类独有的才能，可以帮助我们在日常生活中提升主动性，锻炼领导力。它们是：

1 想象力

通过想象——

我们可以将一直隐藏在内心的
未经发掘的潜力形象化。

❷ 良 知

拥有良知——

我们可以将自己独有的非凡天赋与自然法则建立联系。

以上两种才能**与自我意识相结合**，我们便可以书写**自己的“人生剧本”**。

因为在生活中，我们已承袭了许多来自他人的人生剧本，更确切地说，我们是在改写，而不是编写人生剧本，即对已有思维进行转换，改变固定思维模式，培养成长型思维模式。一旦意识到人生剧本的低劣，以及思维定式的低效，我们便会积极改写自己的剧本。

056 An Effective Life

DATE

An
Effective
Life

3

管理人际关系

作用的另一面

思考发挥作用，但思维定式使得我们关注于人，而不是物；关注人际关系，而非日程；关注效率，而非效能；关注个人领导力，而非资源管理能力。

学会取舍

若想实现效能，就要戒除自骄自大，保持谦逊。这是当今必要的取舍——对自负的舍弃。我们需要彼此秉持相互尊重的人际关系。

“以终为始”的意思是，

前方是永恒的清晨，
是没有明天的清晨。
——W.S.阿尔伯特

当我瞻仰伟人的墓地，嫉妒之心荡然无存；当我阅读美人的墓志铭，非分之想消失殆尽；当我在墓碑前，看着泣不成声的父母，心中充满悲悯。

062 An Effective Life

当我看到先辈们的坟墓，我感到伤心无用，我们终将追随他们而去；

当我看到国王躺在废黜他们的人中间，或生前观点相左的文人墨客死后相邻而居，或那些因争斗和争论而用战乱将世界分崩离析却并肩安息的领导者，我悲伤又深刻地反思，这之间的竞争、内讧和争论是多么的渺小。

当我读到墓碑上的日期，有的人昨天刚刚离世，有的已逝去将近六百年，不禁想到，当最后的审判日来临，我们都将同样接受上天的审判。

首先审视自己

想要改善人际关系，不能指望别人改变，也别图省事、找捷径。

把注意力放在自己身上。首先要对自己诚实——问题的根源往往是心灵层面上的，解决方法也要从心灵入手。

在基本原则的基础上，构筑自己的品德与人际关系。

信任的速度

信任是人生的粘合剂，它是有效沟通最必要的元素，也是所有人际关系维持的基础性原则。

做出正确判断

我们用意图判断自我，用行为判断他人。

壁垒与人际关系

在这个世界上，最具挑战性的壁垒并非阻隔于国家之间，而是深植于人们心间。它们隐匿无形，构筑起阻断信任、交流和创造的屏障。当今环境下，我们无法承受这些无形屏障之重。

试想，当员工和管理部门互相猜忌、互不信任，或是由于办公室政治、诽谤、微观管理而使人们无法开诚布公、坦诚相待，人与人之间的交往、机构与机构之间的交易无法正常开展推进，则所要耗费的代价不可估量。

或许，你可以用金钱换来
人们的帮助与支持，但你永远无法
用金钱换取人心、思想与精神。
这些只能自愿给予。

拆除这些壁垒的关键是践行双赢思维、知彼解己和统合综效。

人们需要调动内心力量，从“我们”而不是“我自己”的角度思考问题。这里需要的是理解，而非回答。当人们开始坚信第三种选择，即确实有更好的东西亟待被创造，不可思议的事情就会发生。它会发生在你所在的组织中、你的生命里、你的任何一段人际关系中。要知道，所有这一切都取决于你个人。

你的人际关系中，有哪些需要被推翻的壁垒？

家庭

如同你的家庭一样，
你的道路属于你个人，且与众不同。

每个人都是如此。

家庭造就了你的协作精神，
人际关系和分享带来愉悦感。

我们都来自不同的人生旅途。

积极改变

生意、社区、家庭，乃至个人，这些都是复杂且息息相关的生态系统。

每一部分都与其他部分有着鲜活的联系。任何一方的改变都将影响整体。当我们试着从生态系统中学着审视领导力问题，它将戏剧化地改变我们处理问题的方式。对于高效能领导者来说，改变是朋友，是伙伴，是强有力的工具，亦是成长的基础。

积极改变就是领导力的关键所在。

DATE

移情聆听与纠正误解

记得有一次，我在夏威夷欧胡岛北岸的房中写作。海边微风轻轻拂来，我敞开屋子前面和侧面的两扇窗户以保持房间凉爽。大桌子上摞着许多稿子，稿子按照章节有序排列着。

突然，风向急转，稿子被瞬间吹散。我记得当时自己内心涌起强烈的失落感，稿子七零八落，顺序已被打乱，更别提还没来得及编码的页面。我急得满屋跑，竭尽所能把它们捡起放回原位。

终于，我意识到，其实我本该花十秒钟先关上其中一扇窗户。

移情聆听，需要花很多时间，但是如果你不采取这种方式，所带来的损失需要你花费更多的时间来调整、纠正，而且你还将面对许多潜在的、未解决的问题，处理那些由于未能给予对方“心理空气”而带来的后果。

074 An Effective Life

一个有辨别能力的移情聆听者可以迅速感知到底发生了什么，并显示出接受、理解的态度，待对方感到安全，逐渐敞开心扉，展示出内心最柔软的部分，而这就是问题的根源所在。

人们想要被理解。无论投入了多少时间，获得的回报往往比花费的时间要有价值得多。

An
Effective
Life

4

学会选择

勇气与正直

通过正确原则来引领自己的生活、在面临选择时保持正直，这都需要我们付出极大的勇气。

前进

我们过多地依靠记忆，而非想象力生活，即过多关注“是什么”和“曾经如何”，而非“将会怎样”。这就好比是依靠观察后视镜向前开车。

078 | An Effective Life

携带自己的天气

观察自然、倾听自然意味着什么？
携带自己的天气又是什么意思呢？

设想以下画面：
星期一的早上，下着雨。

真是阴沉又忧郁的一天。这种天气，我们大可请个假，借口就是心情阴郁。

一旦陷入这种情绪，一整天似乎都不好了。

天空若是放晴，你的心情是不是会好起来？

设想你能携带属于自己的天气。

当你携带自己的天气，就可以选择忽略他人对待你的方式。这就是携带属于自己的天气，也就是积极主动。

消极被动的对立面是积极主动。消极被动是对自己人生的不负责任。你会总将自己看成是天气、自我情绪或他人施难的受害者，

我们拥有选择的能力和自由。我们拥有创造每天自我天气的能力。

你会做出
怎样的选择呢？

改变是持续的、复杂的，通常情况下是迅速的。

我们无法掌控改变?

当我们尝试改变，它令人恐惧、充满危险。

但我们可以学着理解它，与它和谐相处。我们可以影响，甚至培养改变。

我是谁

我不是周边环境的产物。

我是自我决定的结果。

行为与选择

选择是人类拥有的最好的能力。它使我们可以有效应对改变与不变。尽管本质上说，人类并不是唯一拥有选择能力的实体，但显而易见的是，至少有两种选择特性是人类所独有的。

首先，人类选择的范围非常广。与此同时，人类又能够做出世间最无耻、最高尚、最令人振奋的举动。

其次，人类拥有道德选择能力。人类选择的范围和本性，赋予我们令其他生灵敬畏的管理职能。

选择能力确保我们每个人都可以成为领导者。

消极被动

在所有进步社会的伟大文学作品中，

爱是动词。

对消极被动的人来说，

爱是一种感觉。

消极被动的人，受感觉驱动。

好莱坞剧本使我们相信自己是：

1. 不负责任的；
2. 自我感觉的产物。

但是，好莱坞的剧本并不是现实。

如果我们的情感掌控了行为，那是因为我们：

1. 放弃了自己的义务；
2. 允许自己的行为受情感支配。

积极的人将爱当作动词。

爱是你的行动。

选择与永恒原则

选择能力确保我们每个人都是领导者。每天我们都会做出选择，这些选择会影响我们人生、家庭、组织及社区的走向。当选择违背自然法则时，就会变得过分简单、极端保守、目光短浅、傲慢自大，所付出的代价是巨大的。

从本质来看，几乎每个人或组织的失败都可以追溯到决策失误上来。但是当我们学习本着永恒原则来做决定，即基于稳定的自然法则来处理变化或制造变化时，结果往往是积极的。我们的选择是自身智慧的反映，并会发挥巨大作用。我们意识到，其他人同样能够选择，而我们倾向于尊重那些释放人类潜能，而非竭力抑制行为的选择。

对于领导者来说，选择是至关重要的。

理解与改变

为有效应对改变，我们不仅需要理解它，也要尊重它。

农夫也许无法理解每种作物产生的化学反应，但是他越了解作物的种植、培育及生长规律，作物产量就会越高。

自觉选择

我们如何才能学会做出更好的选择？

我们可以选择重视原则。

我们可以选择透过浅薄的社会表象，向更深更远的方面，审视人生和领导力的真正本质。

我们可以寻找原则，真正理解并应用它们，并与它们和谐相处。

原则决定结果；价值观决定行为。

行为与原则越和谐相处，所做的决定就越正确——而我们的内心就会越平静。

DATE

心灵演练与确认

我可以用我右脑的心灵演练能力来加以确认，这会让我的生活更符合更深层次的价值观。

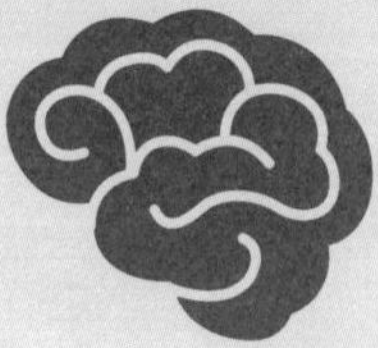

确认应该包括五个基本要素：

个人　积极

可视　果断　情感

因此我会这样：

“发现子女行为不当时，我（个人）能以智慧、爱心、坚定的立场与自制力（积极）及时应对（果断），结果让我深感欣慰（情感）。”

An
Effective
Life

5

尊重差异

我们从哪里获得力量

力量存在于不同，而非相似之处。

家庭是协作的终极表达

婚姻中充满变化且亲密无间的联系是种奇迹。

新生儿是最能体现统合综效的奇迹。儿童天生就是父母双方结合的独一无二的产物。

家庭矛盾是所有人生难题中最令人心碎的。

这真是一种讽刺。

在家庭生活中，我们可以体验最极端的协同与愉悦，抑或是最深重的悲痛。我相信，人生中所有的成功均无法补偿家庭生活的失败。有时，婚姻终结的理由是充足的，但是更多的婚姻破裂都是受夫妻双方差异所致。不能相容通常被当作离婚的理由，而“不能相容”这个短语本身就涵盖了许多问题：经济、情感、社会、性等等。但是通常情况下，不能相容都因憎恶差异而引发，人们并不珍视差异。

协作不只意味着解决冲突或达成妥协

实现了协作，便超越了冲突。

我们努力追逐新的事物，那些能够激起每个人新的承诺并能改变未来的事物。

协作之路比你我各自的道路都更好。

统合综效出奇迹。

统合综效就在我们周围。它是自然界运作的基础。红杉树根交错于地下，树干拔地而起，以它令人无法置信的高度巍然对抗强风侵袭；鸟儿们结伴排成“人”字形飞翔，以这种队形飞翔的飞行距离是单独飞行的两倍，这是因为众多翅膀的拍打形成了上升气流。整体比个体的总和，效果更棒。

统合综效的美好体验

一旦经历过真正的统合综效，人就会变得不同，因为你知道未来将有可能尝试其他令你眼界大开的探险。

人们往往会尝试创造某种协作，但通常难以达成。然而我们却可借此重温创造性工作中蕴含的首要原则。就像遥远的东方哲理所述："我们追寻的不是效仿大师，而是追寻大师所追寻的探索与创新精神。"我们追寻的不是效仿过去创造性的统合综效经历，而是围绕新的、不同的且更高的目标，来追寻新的东西。

统合综效与沟通

统合综效与创造力是令人兴奋的。通过开放与交流所创造出来的东西是惊人的。实现真正显著的成果与改进的可能性是如此真实，以至于值得冒着开放所带来的风险进行尝试。

第三种选择

我加入了一个国际性论坛，该论坛旨在改善西方社会与全世界穆斯林群体的关系。加入论坛的还有一些世界一流的外交家。

不久前，他们邀请我参加其中一个论坛会议，传授与会者同理心及其实践，以及第三种选择的知识。我们花了数天在一起学习并练习有效聆听原则，以及如何真正了解彼此想法的技巧。每个人都接受挑战，真正地深入聆听，向对立观点敞开心扉，感受他人的内心世界。

这是我人生中最有意义的经历之一。在这一过程中，我可以看到这群卓越人士完全被改变了。他们各持己见，涵盖了几乎所有问题——文化、社会、宗教等等，慢慢变得能够互相理解，互相尊重，甚至互相喜爱。其中一名外交官告诉我，她此生从未看到如此强有力的革命性改变，这种哲学理念能使国际外交发生革命性的变化。

尊重差异

伴侣间能够珍视彼此差异的婚姻才是好的婚姻。

对于伴侣们来说，彼此带入婚姻的文化、习惯、才能、力量、反应和本能，都会成为欣赏、愉悦与创造力的源泉。

例如，一位缺乏耐心的丈夫或许在财务方面表现糟糕，但是他的率性而为使他成为一个有趣的人；妻子一次次令丈夫心灰意冷，但她贵族般的举止深深吸引着丈夫，让他对妻子产生敬佩之情。

正是由于他们如此珍视彼此，因而他们共处时产生了独一无二的愉悦感和爱的庄严。皆因他们能够尊重差异，并创造出属于自己的独特且珍贵的家庭文化。

协作达成，心灵相通

到这个阶段时，人们的思想变得开放、富有创造力且充满勇气。人们放下防御心，恐惧感烟消云散，创造力竞相迸发。

于是你到达了一个临界点。这时人们将不再接受无法接受的事物，而是共同朝着美好的未来前进。

我们必须在老路上止步，停止破坏行为。如此，生活中那样多的惨重损失和强加的破坏将得以叫停。这种改变可以从我们每个人的影响圈开始，可以是家庭、工作，抑或是社区里。我们可以成为榜样，创造世界和平，提升自己的影响力，帮助他人感受和平的力量。

自然界是统合综效的最佳典范

自然界中，万事万物都有着彼此的联系。食物链中就存在着复杂关联：土壤中的微生物保证植物生长，植物通过光合作用，即利用阳光将植物中的叶绿素转化成糖，为生物提供食物来源。在大自然中随处看到的任何事物，都体现出复杂的相互关系。

而作为领导者，我们总是按照刻板的、孤立的方式，而非有机的、与整体高度相关的方式审视我们的团队。

自然教导我们，商业、家庭、社区都是复杂的生态系统，牵一发而动全身。这也帮助我们认识到每个个体都十分重要，每个个体都为整体的福祉做着自己的贡献。

DATE

十分钟日志

从效能迈向卓越行动手册

在本书的卷首语，提出了一个挑战：

这不是一本仅供阅读的书，而是一本用于践行与体验的书。

这便是你接受柯维博士思想的开始。

因为已经阅读过书中内容，头脑中一些想法已经碰撞出火花。

这份个人日志的目的，是不要让这些想法付诸东流，

不要忽视这些火花，

要燃成熊熊之火。

这份个人日志需要努力书写。

跟上我们了吗？

这不是挑战头脑的工作，不是有压力的工作，更不是辛苦的工作。

你在使用这份个人日志的时候，

会引发改变。

可以改变一切。

所以，让我们从体验如何管理自己五个主题开始吧。

学习自然法则：

识别并效仿自然法则中的原则；

提升自我意识：

检视个人思维，树立更强的个人思维意识，并践行个人责任；

管理人际关系：

寻找机会成为自己人生和人际关系的领导者，每天多聆听并注重情感交流；

学会选择：

通过做出正确的选择来获取力量；

尊重差异：

庆贺自己身边的差异。

在这份日志里，针对每个主题都设置了相应的问题。

我们为你回答每个问题留下了空白。

但是你完全可以在后面的每日工作记录里写下答案，就有机会扩展想法，让思想的火焰燃烧得更旺。

学习自然法则

你有没有花时间思考并内省？能否找到更多机会审视自己，并清楚地思考？你的计划是什么？

______

______

______

______

______

______

如何才能做到不做无用功？

______

______

______

______

______

______

评析以下文字：

“宁静可以带给我们充满活力的创造性思维和创造性沟通。”

宁静给你带来力量了吗？如果是，你是如何做到的？能否将它传授给他人？你将如何提升自己？

想想农场法则。你播种了什么种子？你将收获的又是什么？收获最多的是什么？你想做出何种改变？

提升自我意识

柯维博士告诉我们，终极自由是决定——

“外界何人何事可以对我们产生影响。”

如果这是标准，那么你觉得自己已经完全自由了吗？如果没有，你将如何改变？

评析以下文字：

“在从外部视角客观审视自我之前，我们总是把自我动机自动投射到他人身上。”

在你的生活中有过这种情况吗？如果是，你认为这将如何影响你的人际关系？

对于柯维博士下面的话，你有何感想：

“你可以选择不被冒犯，你可以找到对手，移情聆听。”

你曾经被冒犯过吗？未来你将如何应对被冒犯的情形？

评析以下文字：

“无论何时，我们总认为问题‘在外部’，这种想法本身就是问题。”

在同一情况下，为何消极被动比积极主动更容易？你的个人倾向是什么？你将如何改进？

管理人际关系

你是否在人际关系间筑起不良壁垒？它们是什么？你将如何推翻壁垒？

描述你家中独一无二且珍贵的家庭文化。

你认识的人中有优秀倾听者吗？身处这些人周围，你感觉如何？人们是否对你有同样感受？如果答案是否定的，你计划如何改变？

你有想要培养的人际关系吗？如果有，是和谁？为什么？你打算如何培养这段关系？

学会选择

你对变化的适应性如何？你认为改变是好事还是坏事？为什么？

请列出三至四个你在生活中遵从的原则。它们是如何帮助你保持平和的？为什么选择这些原则？还有哪些原则是你想尝试的？

柯维博士提到：

“我们的选择是自身智慧的反映，并会发挥巨大作用。”

对于这段话你有何感想？

还记得携带自己天气的观点吗？当你读到这段文字时，你有何想法？你将如何改进？

____

____

____

____

____

____

尊重差异

你梦想中的未来是怎样的？家庭呢？其他重要的人际关系又是怎样的呢？

____

____

____

____

____

____

你是否认识到，在你的人生关系里，整体比单个的效用之和更好？你体验过统合综效的神奇吗？你能找到机会将这种神奇扩展到其他人际关系中吗？

如果你处于恋爱关系中，你的伴侣与你有何不同？你是否珍视这些差异？你将如何，或从哪儿找到方法来庆贺这些差异？

在生活中你能感受到平静吗？想想柯维博士的话：

“我们可以成为榜样，创造世界和平，提升自己的影响力，帮助他人感受和平的力量。”

为了变成榜样、创造和平，使得他人从你身上感知到这些，你的生活将发生什么变化？

你有什么计划吗？

总结

本书带给你的最大收获是什么？

你获得了哪些见解？

你将把书中提及的哪些见解分享给他人？

你会与谁分享你的习得和想法？

本书哪一章对你影响最大？为什么？

一 年 计 划

	一月	二月	三月	四月	五月	六月
01						
02						
03						
04						
05						
06						
07						
08						
09						
10						
11						
12						
13						
14						
15						
16						
17						
18						
19						
20						
21						
22						
23						
24						
25						
26						
27						
28						
29						
30						
31						

七月	八月	九月	十月	十一月	十二月	
						01
						02
						03
						04
						05
						06
						07
						08
						09
						10
						11
						12
						13
						14
						15
						16
						17
						18
						19
						20
						21
						22
						23
						24
						25
						26
						27
						28
						29
						30
						31

我的清单

周日	周一	周二	周三	周四	周五	周六

检查清单

周报	第1周 □	第2周 □	第3周 □	第4周 □
进度				
结果				
问题				
团队				
学习/会议				
大事记				

备注

周计划

01 02 03 04 05 06 07

工作目标	
关键任务	
生活重要事项	

时间安排		紧急	不紧急
	重要		
	不重要	紧急	不紧急

完成情况	进度/预期	结果/质量	评价/客观数据

问题/原因	
体会/感悟	
上报要点	

自我评分	分数（十分计）	关键词

待解决问题 备忘	

做出承诺

效能（★★★★★）	本周焦点
	周一 ………………………………………… …………………………………………
	周二 ………………………………………… …………………………………………
	周三 ………………………………………… …………………………………………
	周四 ………………………………………… …………………………………………
	周五 ………………………………………… …………………………………………
	周六 ………………………………………… …………………………………………
	周日 ………………………………………… …………………………………………

一天一问/感受变化中的自己

会议/团队讨论

日期	主题	参会人员	地点	解决问题	设备工具

注意事项	
会议纪要	
突出成效/结论	
我的角色/任务	
突发紧急会议	

学习分享会/内部培训

主　题	
内容精要	
最有价值/最受触动的话	
学习手记	
付诸行动	

五分钟演讲计划

演讲题目：

地点：　　　　　　日期和时间：

听众是谁？他们的需求是什么？

我演讲的总体目标是什么？

我演讲内容的三个支撑点是什么？

1.

2.

3.

我演讲的关键词？

演讲结束之后，我希望观众做什么？

会有多少人参加？

我需要什么设备和材料？

- ☐ 讲义
- ☐ 海报和标识
- ☐ 电脑
- ☐ 投影仪
- ☐ 屏幕
- ☐ 扬声器
- ☐ 麦克风
- ☐ 其他

提纲/补充信息

做出有效、准确的反馈

反馈给谁			
何时反馈			
问题是什么			
事实是什么			
问题对结果的影响			
反馈方式	不要做	贴 标 签	
		作 比 较	
	要做	考 虑 双 赢	
		描述你的问题	
		给出具体的例子	
		用同理心倾听	
反馈后的任务跟踪	任 务		日 期

目标会议关键流程

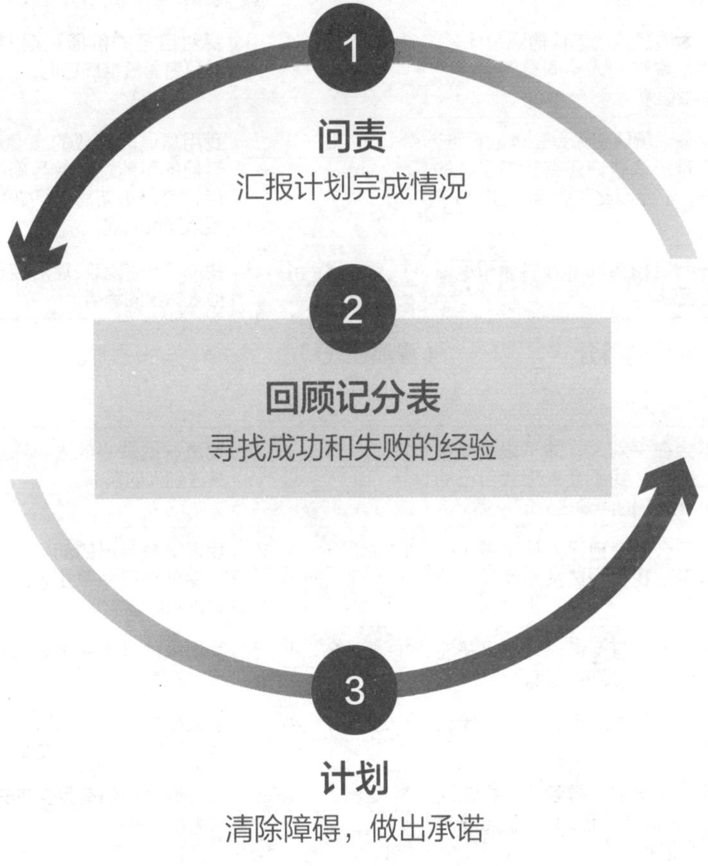

我有的时候用“善意的谎言”为自己开脱，不当地评价他人或错误地介绍情况，或编造事实以达到自己的目的。	1 2 3 4 5	我在各个方面都完全诚实地与他人互动。
有的时候我会心口不一，或者做违背良心的事。	1 2 3 4 5	我总是说出自己的真实想法和感觉，我一贯言行一致。
我不太清楚自己的价值观是什么，对我来说在别人不同意的时候坚持主张很难。	1 2 3 4 5	我对自己的价值观很清楚，并且有勇气维护它们。
对我来说承认别人是正确的很难，也很难承认或许还有我不了解的情况，不会因此改变自己的想法。	1 2 3 4 5	我用真诚而开放的态度对待其他的可能性，接受新的观点，可以重新思考问题，甚至重塑价值观。
我在制定和实现个人目标和承诺上有困难。	1 2 3 4 5	我能够一贯地实现对自己和他人做出的承诺。

第一部分的得分__________（最高25分）

我不会在乎别人，除了跟我关系最近的人，我不会去想我自己的生活所面临的问题之外的事情。	1 2 3 4 5	我真诚地关心他人，深切地关注别人的祸福。
我不怎么思考自己为什么做正在做的事，我很少或从不反省自己的动机。	1 2 3 4 5	我很清楚自己的动机，并尽力保证自己为了正确的目的做正确的事。
我在与别人打交道时，总是关注于得到自己想要的东西。	1 2 3 4 5	我积极地寻求使大家共赢的解决方案。
根据我的行为，多数人不一定认为我会考虑他们的利益。	1 2 3 4 5	别人根据我的行为可以清楚地看到我在考虑他们的利益。
我深信如果别人得到了某样东西（资源、机会、信用），就意味着我没有得到。	1 2 3 4 5	我真诚地相信有足够的东西供大家分享。

第二部分的得分__________（最高25分）

我感觉自己的才智在现在的工作中没有发挥出来。	1 2 3 4 5	在工作中，我的才智和我所得到的机会完全匹配。
我没有足够的知识和技能来有效地胜任现在的工作。	1 2 3 4 5	我的知识和技能可以胜任现在的工作。
我很少花时间来提高自己在工作上或其他方面的知识和技能。	1 2 3 4 5	在我生活的所有重要方面，我不断地更新知识，提高技能。
我不太清楚自己的强项是什么，我更多地关注于改善自己的弱项。	1 2 3 4 5	我知道自己的强项，我最关注的是怎样最有效地发挥优势。
到现在为止，我还不太懂得怎么才能建立信任。	1 2 3 4 5	我知道如何有效地建立、培育、传递和重建信任，并会有意识地这样做。

第三部分的得分__________**（最高25分）**

我没有很好的记录，我的简历敲不开任何公司的门。	1 2 3 4 5	我的经历完全可以给人信心，相信我可以完成任务。
我只做领导让我做的事。	1 2 3 4 5	我关注于取得成果，而不只是按要求做事。
在谈到自己的经历时，我或者什么都不说（避免给人自我吹嘘的印象），或者就是说得太多让人反感。	1 2 3 4 5	我与人恰当地谈论自己的经历，以增强他人对我的信心。
我做事经常半途而废。	1 2 3 4 5	除非有特殊情况，否则我做事情都能有始有终。
我不太关心如何得到成果，只要得到就好了。	1 2 3 4 5	我一贯以能够增强信任的方式得到成果。

第四部分的得分__________**（最高25分）**

问卷的总得分__________**（最高100分）**

测 试 结 果

现在看看你得到的分数。如果你的分数在90分和100分之间，说明你有高度的个人信用，你具备良好的品德和能力。你知道对你来说什么是最重要的，并把它体现在你每天的生活中。你关心他人，知晓自己的能力，并懂得开发和应用这些能力以取得最好的成果。总之，你感到自信，别人也会信任你。

如果你的分数在70分和90分之间，说明你还有一点信用的欠缺，这可能体现在比较低的自信水平，或某种程度上不能赢得他人的信任。

如果你的分数在70分以下，你很可能存在更严重的信用问题。你应该仔细地分析一下得分比较低的领域，在阅读本书的时候，专注于发现可以改进这些方面的具体办法。

完人思维

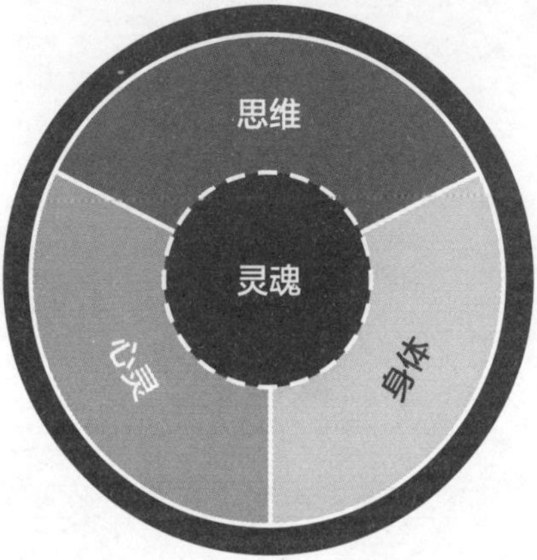

领导者四要素

如果你完成了任务，在这里贴一颗“成就之星”，并填写下面的表扬辞。

★
完成

你是纪录打破者

兹证明

在这里写你的名字

写下你打破纪录的日期

写下你打破纪录的详细过程，包括哪个项目，怎么打破的

我的下一个打破纪录目标

★ 完成

如果你完成了项目任务，可以在这里贴一颗“成就之星”，并填写下面的角色表扬辞。

我在团队中的角色

这个项目还在进行中吗？ □ 是 → 项目名称是什么？ ________

否 ↓

你最喜欢的搭档是谁？ ________

你在项目中是骨干成员吗？ □ 是 → 你什么时候加入项目的？ ________

为自己在项目中的工作打分

满意　合格　继续努力

你想继续完成这个项目吗？ □ 是 → 你希望增加在项目中的工作量吗？

领导或同事对你工作哪方面表示认同？ ________

你还愿意承担哪个角色？ ________

给你自己在项目中的角色取个昵称：________

你还愿意参加哪个项目？ ________

FranklinCovey

THE ULTIMATE COMPETITIVE ADVANTAGE

品 牌 故 事

三十多年前，当Stephen R. Covey和Hyrum Smith还在各自领域开展研究，以帮助个人和组织提高效能时，他们都注意到一个问题——人的因素。专研领导力发展的Stephen发现，志向远大的个人往往违背其所渴望成功所依托的根本性原则，却期望改变环境、结果或合作伙伴，而非改变自我。无独有偶，专研生产力的Hyrum发现，制订重要目标时，人们对实现目标所需的原则、专业知识、流程和工具却所知甚少。

Stephen和Hyrum都意识到，解决问题的根源在于帮助人们改变行为模式。经过多年的测试、研究和经验积累，他们同时还了解到，持续性的行为变革不仅仅需要教育，还需要个人和组织采取全新的思维方式，掌握和实践更好的全新行为模式，直至习惯养成为止。Stephen在其著作《高效能人士的七个习惯》中公布了其研究结果，该书现已成为世界上最具影响力的图书之一。在Franklin规划系统（Franklin Planning System）的基础上，Hyrum创建了一种基于结果的规划方法，该方法风靡全球，并从根本上改变了个人和组织增加生产力的方式。他们还分别创建了Covey领导力中心和FranklinQuest公司，旨在扩大其全球影响力。1997年，上述两个组织合并，由此诞生了如今的富兰克林柯维公司（FranklinCovey, NYSE: FC）。

如今，富兰克林柯维公司已成为帮助组织提升绩效的全球领导者，而提升绩效需要人类行为的持续性变革，这往往也是组织所面临的最大挑战。一旦变革成功，将成为最持久的竞争优势。对于组织而言，宣布一项战略是一回事，而重塑员工行为和组织文化以成功执行该战略却又是另外一回事。建立在Stephen和Hyrum对领导力和生产力的研究基础上，富兰克林柯维公司发挥其广博的专业性知识来帮助组织在多个关键领域实现持续性的行为变革，包括领导力、执行力、个人效能、信任、销售绩效、客户忠诚度和教育。

结果如何？我们的客户成功创建了优秀组织文化，其主要特征表现为：员工高效且善于合作；领导者高效且善于构建信任，具备卓越的执行力，能够为所有利益关系人创造显著提升的绩效。这样的文化最终演化为组织的终极竞争优势。

富兰克林柯维公司足迹遍布全球160多个国家，拥有超过2000名员工，共同致力于同一个使命：帮助世界各地的员工和组织成就卓越。本着坚定不移的原则，基于业已验证的实践基础，我们为客户提供知识、工具、方法、培训和思维领导力。富兰克林柯维公司的客户包括90%的财富100强公司、75%以上的财富500强公司，以及数千家中小型企业和诸多政府机构和教育机构。

我们的终极目标是帮助个人和组织在绩效上实现渐进型量变和变革型质变。我们在此向全球数以万计的客户表达衷心的感谢，谢谢他们给予我们机会帮助其实现伟大目标。

富兰克林柯维公司的备受赞誉的知识体系和学习经验充分体现在一系列的培训咨询产品中，并且可以根据组织和个人的需求定制。富兰克林柯维公司拥有经验丰富的顾问和讲师团队，能够将我们的产品内容和服务定制化，以满足您的语言和文化需求。

富兰克林柯维公司自1996年进入中国，目前在北京、上海、广州、深圳设有分公司。

www.franklincovey.com.cn

更多详细信息请联系我们：

北京 朝阳区光华路1号北京嘉里中心写字楼南楼24层2418&2430室
电话：(8610)8529 6928
邮箱：marketingbj@franklincoveychina.cn

上海 黄浦区淮海中路381号上海中环广场28楼2825室
电话：(8621)6391 5888
邮箱：marketingsh@franklincoveychina.cn

广州 天河区华夏路26号雅居乐中心31楼F08室
电话：(8620)8558 1860
邮箱：marketinggz@franklincoveychina.cn

深圳 福田区福华三路与金田路交汇处鼎和大厦 22 层D16室
电话：(86755)2337 3806
邮箱：marketingsz@franklincoveychina.cn

富兰克林柯维公司在中国提供的解决方案包括：

I. 领导力：

THE 7 HABITS of Highly Effective People® SIGNATURE EDITION 4.0	高效能人士的七个习惯®（标准版）	The 7 Habits of Highly Effective People®
THE 7 HABITS of Highly Effective People® FOUNDATIONS	高效能人士的七个习惯®（基础版）	The 7 Habits of Highly Effective People®: Foundations
THE 7 HABITS FOR Managers ESSENTIAL SKILLS AND TOOLS FOR LEADING TEAMS	高效能经理的七个习惯®	The 7 Habits® for Manager
THE 7 HABITS Leader Implementation COACHING YOUR TEAM TO HIGHER PERFORMANCE	领导者实践七个习惯® 辅导您的团队实现高绩效	The 7 Habits® Leader Implementation COACHING YOUR TEAM TO HIGHER PERFORMANCE
The 4 Essential Roles of LEADERSHIP™	卓越领导4大天职™	The 4 Essential Roles of LEADERSHIP™
THE 6 CRITICAL PRACTICES FOR LEADING A TEAM™	领导团队6关键™	The 6 Critical Practices For Leading A Team™
Find Out WHY™ THE KEY TO SUCCESSFUL INNOVATION	找到原因™：成功创新的关键	Find Out Why™: The Key to Successful Innovation

Building Business Acumen	CEO希望你知道的事： 培养商业敏感度™	What the CEO Wants You to Know: Building Business Acumen ™

II. 执行力：

The 4 Disciplines of Execution	高效执行四原则™	The 4 Disciplines of Execution®

III. 个人效能：

THE 5 CHOICES to extraordinary productivity	激发个人效能的五个选择™	The 5 Choices to Extraordinary Productivity®
PROJECT MANAGEMENT ESSENTIALS For the Unofficial Project Manager	项目管理精华™ ——给非职业项目经理人的项目管理书	Project Management Essentials for the Unofficial Project Manager ™
Presentation Advantage TOOLS FOR HIGHLY EFFECTIVE COMMUNICATION	高级商务演示技巧™	Presentation Advantage®
Writing Advantage TOOLS FOR HIGHLY EFFECTIVE COMMUNICATION	高级商务写作™	Writing Advantage®

IV. 信任：

Leading at the Speed of Trust	信任的速度™（经理版）	Leading at the Speed of Trust®
SPEED OF TRUST FOUNDATIONS	信任的速度™（基础版）	Speed of Trust®: Foundations

V. 销售绩效：

HELPING CLIENTS SUCCEED	帮助客户成功™ 填充销售管道 筛选商业机会 达成双赢交易	Helping Clients Succeed®

VI. 客户忠诚度

LEADING CUSTOMER LOYALTY Engaging Your Team to Win the Heart of Every Customer	引领客户忠诚度™	Leading Customer Loyalty™